BEI GRIN MACHT SICH IHR WISSEN BEZAHLT

- Wir veröffentlichen Ihre Hausarbeit, Bachelor- und Masterarbeit

- Ihr eigenes eBook und Buch - weltweit in allen wichtigen Shops

- Verdienen Sie an jedem Verkauf

Jetzt bei www.GRIN.com hochladen und kostenlos publizieren

Theorie des Projektmanagements. Transfer auf ein praktisches Projekt

Fereshta Hamidzada

Bibliografische Information der Deutschen Nationalbibliothek:

Die Deutsche Nationalbibliothek verzeichnet diese Publikation in der Deutschen Nationalbibliografie; detaillierte bibliografische Daten sind im Internet über http://dnb.d-nb.de abrufbar.

ISBN: 9783346386786
Dieses Buch ist auch als E-Book erhältlich.

© GRIN Publishing GmbH
Nymphenburger Straße 86
80636 München

Druck und Bindung: Books on Demand GmbH, Norderstedt Germany
Gedruckt auf säurefreiem Papier aus verantwortungsvollen Quellen

Das Buch bei GRIN: https://www.grin.com/document/990866

Fachhochschule für angewandtes Management in Erding

Fachbereich: Wirtschaftspsychologie

Sommersemester 2017

Studienarbeit im Kurs:

Projektdokumentation

vorgelegt von

Fereshta Hamidzada

8.Semester

Tag der Einreichung: 28.08.2017

Inhaltsverzeichnis

Inhaltsverzeichnis	II
Abbildungsverzeichnis	III
1. Einleitung	4
2. Begrifflichkeiten	4
2.1 Das Projekt	4
2.2 Das Projektmanagement	4
3. Die Ausgangslage und der Projektauftrag	5
3.1 Praxis: Ausgangslage und Projektauftrag der S. GmbH	5
4. Die Projektziele	6
4.1 Praxis: Projektziele der S. GmbH	6
5. Umfeldanalyse	7
5.1 Die Stakeholderanalyse	7
5.1.1 Praxis: Stakeholderanalyse der S. GmbH	8
5.2 Die Risikoanalyse	8
5.2.1 Praxis: Risikoanalyse der S. GmbH	8
6. Der Projektstrukturplan	9
6.1 Praxis: Projektstrukturplan der S. GmbH	10
7. Projektphasenplan	11
7.1 Praxis: Projektphasenplan der S. GmbH	11
8. Fazit	12
Literaturverzeichnis	14

Abbildungsverzeichnis

Abbildung 1: Steckbrief des Projektes „Digitalisierung von Lerninhalten"   5

Abbildung 2: Die Projektziele   7

Abbildung 3: Die Stakeholderanalyse   8

Abbildung 4: Risikoanalyse   9

Abbildung 5: Der Projektstrukturplan   11

Abbildung 6: Der Projektphasenplan   12

1. Einleitung

Zu keiner Zeit hat das Projektmanagement eine so große Rolle in Unternehmen gespielt, wie heute. Die Anzahl der Projekte steigen stetig, denn Veränderungsprozesse müssen schließlich genauestens geplant werden. Doch wer jetzt denkt, dass hinter all den Projekten ein professionell geplantes Projektmanagement steht, der wird leider enttäuscht. Viele Unternehmen investieren viel zu wenig Zeit und Geld in ein professionelles Projektmanagement, da es oftmals als überflüssig oder nicht allzu wichtig erachtet wird. Umso gravierender sind die Folgen, welche sich Unternehmen, im Nachhinein konfrontiert sehen. Denn ein zu ungenau geplantes Projekt führt zu Terminverschiebungen, höheren Kosten und nicht selten zum Scheitern eines Projektes. Die größte Herausforderung bei der Planung innovativer Projekte liegt darin, Unvorhersehbares vorherzusehen. (vgl. Wastian, et al., 2011, S.22) Diese Studienarbeit befasst sich mit der Theorie des Projektmanagements wie auch den gleichzeitigen Transfer von fünf Projektmanagementelementen auf ein konkretes Projekt des Unternehmens S.

2. Begrifflichkeiten

2.1 Das Projekt

Ein Projekt ist ein Vorhaben welches durch „(…) komplexe Aufgaben (= Projekte) , die im Wesentlichen durch Neuartigkeit, Einmaligkeit und Wichtigkeit für das Gesamtunternehmen gekennzeichnet sind." (Wöhe 2008, S.128)

Doch dies ist nur ein anfänglicher Versuch diesen Begriff zu definieren. Im Allgemeinen handelt es sich bei einem Vorhaben um ein Projekt, wenn Kriterien wie:

- Neuartigkeit
- Einmaligkeit
- Festgelegter Zeitrahmen
- Festgelegter Budgetrahmen
- Festgelegtes Ziel

erfüllt worden sind. (vgl. Hagen, 2009, S.31)

2.2 Das Projektmanagement

Für den Begriff des Projektmanagement lässt sich so gut wie keine einheitliche Definition finden. Die ausführlichste Definition bietet IPMA, laut dieser, ist Projektmanagement „(….)

die Planung, Organisation, Überwachung und Kontrolle aller Aspekte eines Projekts sowie das Management und die Führung aller Beteiligten, um die Projektziele sicher und im vorgegebenen Zeit-, Kosten-, Leistungs- und Qualitätsrahmen zu erreichen. PM ist die Gesamtheit der Koordinations- und Führungsaufgaben, der Organisation, Techniken und Maßnahmen innerhalb eines Projekts." (IPMA 2006, S.120)

3. Die Ausgangslage sowie der Projektauftrag

Der Projektauftrag wird für gewöhnlich schriftlich festgehalten. Dieser ist für den Erfolg eines jeden Projektes unerlässlich, denn hier werden alle wichtigen und relevanten Daten für das Projekt erfasst. Unteranderen die Projektziele, die festgesetzten Meilensteine, erste Schätzungen des Ressourceneinsatzes und die Projektorganisation. Ebenfalls sind auch die wichtigsten Eckdaten wie, die Benennung und Auswahl des Projektes, dessen Mitglieder, Terminierungen sowie Daten zum Auftraggeber enthalten. Erst durch dieses Dokument wird ein Vorhaben tatsächlich zu einem Projekt. (vgl. Kraus, et al., 2010 S.54)

3.1 Praxis: Ausgangslage und Projektauftrag der S. GmbH

Das Unternehmen S. ist national vertreten und splittet sich in den Bereichen Beratung und Institut auf. S. bietet seit Jahren Workshops sowie Trainings unterschiedlicher Arten an.

Während unserer Präsenzphase an der FHAM in Ismaning, stellte sich die Projektmanagerin dieses Unternehmens, Frau A. vor. Dabei fungierte sie als Auftraggeberin und erteilte an uns den Projektauftrag. Hierbei ging es ihr um die Digitalisierung von Lerninhalten eines Trainings. Dieser sollte so gestaltet werden, dass Trainings und Workshops digital aufbereitet werden um die Trainingszeit sowie den Aufenthalt von Trainees an Trainingsveranstaltungen, zu verkürzen. Auch sollten Möglichkeiten ausgearbeitet werden, wie Trainees nach dem Training oder Workshop, bestimmte Lerninhalte abrufen und wiederholen können.

Nachfolgend wird der Projektauftrag in Form eines „Steckbriefes" aufgeführt:

Projektauftrag von S.	
Titel:	Digitalisierung von Lerninhalten für Training und Workshops
Auftraggeber:	A. von S. GmbH
Projektleiter:	I. H. „Go-Digi"

5

Kurzbeschreibung: Lerninhalte sollen so digitalisiert werden, dass sie die Trainings- und Workshops digital unterstützt.

Es sollen Möglichkeiten für Trainees geschaffen werden auch nach dem Training Lerninhalte digital abzurufen und diese zu wiederholen. Dabei liegt der Schwerpunkt auf die Auswahl von geeigneten Plattformen. sowie eine Auswahl und Ausarbeitung von digitalen Lerninhalten.

Budget:	Wurde nicht angegeben
Projektbeginn:	02.05.2017
Projektende:	29.06.2017

Abbildung 1 (Eigene Darstellung) : Steckbrief des Projektes „Digitalisierung von Lerninhalten"

4. Die Projektziele

Projektziele werden in einem sogenannten Auftragsklärungsgespräch geklärt.

Diese müssen klar definiert sein um, zum einen, zu wissen in welche Richtung das Projekt gehen soll und zum anderen was mit diesem Projekt genau erreicht werden soll. Darüber hinaus schaffen die Ausgestaltung von Zielen für eine gemeinsame Basis zwischen Auftraggeber und den Projektmitarbeitern. Projektziele sind also, „(…) für das Planen, Kontrollieren und Steuern von Projekten unabdingbar."(Becker, Berning & Kahn, 2005, S.1) Sie sorgen für Transparenz, beugen Missverständnisse vor und sind maßgebend für den Erfolg von Projekten. Sie gelten quasi als Fundament eines jeden Projektes.

Als Richtlinie, Orientierungsmaßstab oder auch Hilfestellung zur Ausformulierung von Zielen, dienen einige Modelle. Diese helfen dabei, Ziele eindeutig und spezifisch nach bestimmten Kriterien zu definieren. Einer der wohl bekanntesten, ist die sogenannte „SMART" Regel, welches auch sehr passend zum ausgewählten Thema ist. Dieses Modell besagt, dass Ziele so formuliert werden sollen, das sie spezifisch, messbar, attraktiv, realistisch und terminiert sind. (vgl. Hohenberger & Spörrle, 2013, S.265f) Erst wenn alle diese Kriterien in die Zielformulierung miteinfließen, steht der wichtigste Grundbaustein eines Projektes.

4.1 Praxis: Projektziele der S. GmbH

Nachfolgend wird das SMART Modell auf S. übertragen:

Spezifisch:	S. hat das Bestreben seine klassischen Worshops, welches bisher durch Präsenzveranstaltungen gehalten wurden, digital zu unterstützen. Es sollen Lerninhalten von drei Kursen digital aufbereitet werden sowie entsprechende Plattformen recherchiert und gegenübergestellt werden. Anschließend erwarten sie eine entsprechende Handlungsempfehlung unsererseits.
Messbar:	Die Messbarkeit kann hier nicht klar definiert werden. Da es sich hier hauptsächlich um eine Recherche-Arbeit gehandelt hat. Und es in erster Linie dem Projektteam überlassen wurde, welche Inhalte, in welcher Form auf welcher Plattform digitalisiert werden soll.
Attraktiv:	Effektiver und optimaler Einsatz von digitalen Elementen zur Unterstützung von präsenzbasierten Workshops.
Realistisch	Das Projektteam stellt eine Gegenüberstellung vier verschiedener Plattformen vor, sowie passende Lerninhalte, welche digital aufbereitet werden können.
Terminiert:	Am 29.06.2017 wird die Präsentation mit den entsprechenden Ergebnissen und der Handlungsempfehlung dem Auftraggeber S. vorgestellt.

Abbildung 2 (Eigene Darstellung): Die Projektziele

5. Umfeldanalyse

Nachdem der Projektauftrag sowie die Projektziele beschrieben wurden, befassen wir uns in diesem Kapitel mit der Umfeldanalyse. Während die bisherigen Kapitel die internen Einflüsse eines Projektes behandelten, widmet sich die Umfeldanalyse den äußeren Einflüssen.

Dieser konzentriert sich besonders auf die Personen, Interessensgruppen sowie Elementen außerhalb des Projektes, die das Projekt auf negative oder positive Weise beeinflussen können. (vgl. Süß & Eschlbeck, 2013, S.19)

Im Rahmen dieser Umfeldanalyse werden die Stakeholder- und die Risikoanalyse näher betrachtet.

5.1 Die Stakeholderanalyse

Stakeholder sind Personengruppen, die zwar nicht an Projekten direkt beteiligt sind, jedoch auf indirekte Weise vom Projekt betroffen sind. Diese Betroffenheit kann sowohl positiv wie auch negativ ausfallen. Stakeholdergruppen die einen positiven Effekt erwarten, haben in der Regel eine unterstützende Funktion dem Projekt gegenüber. Negativ Betroffene hingehen können diesen Projekten entgegenstehen. (vgl. Roland & Knothe, 2014, S.16) Weiterhin werden die Stakeholder zwischen internen und externen Gruppen aufgeteilt. Als interne Stakeholder gelten Projektmitarbeiter, die Geschäftsleitung sowie das Betriebsrat. Zu den externen Stakeholdern zählen Personengruppen die dem Auftraggeber zugehörig sind. Diese sind Lieferanten, Kunden, Investoren aber auch der Staat oder die Gesellschaft.

Die Stakeholderanalyse befasst sich mit all diesen Personengruppen bezüglich ihrer Relevanz für das Projekt und versucht diese mit einzubinden. (vgl. Burghardt, 2013, S.68f.)

5.1.1 Praxis: Stakeholderanalyse der S. GmbH

Die unten aufgeführte Stakeholderanalyse wurde tabellarisch dargelegt. Darin sind die jeweiligen Stakeholder mit bestimmten Kriterien, angefangen vom Einfluss bis hin zur Einstellung zum Projekt beschrieben. Durch diese Auswertung können potenzielle Effekte zwischen den Stakeholdern ermittelt werden.

Stakeholderanalyse

Stakeholder	Auftraggeber			Dozent			Projektmitglieder		
	Niedrig	Mittel	Hoch	Niedrig	Mittel	Hoch	Niedrig	Mittel	Hoch
Einfluss/Macht		✖			✖				✖
Bedeutung		✖			✖				✖
Konfliktpotential	✖			✖					✖
Einstellung	Positiv			Neutral			Postiv		
Interesse	Inspiration/Ideen			Projekterfolg			Gute Noten		

Abbildung 3 (Eigene Darstellung): Die Stakeholderanalyse

5.2 Die Risikoanalyse

Die Realisierung eines Projektes, birgt nicht nur Chancen sondern auch Risiken. Dabei heißt es: „Der Eintritt von Projektrisiken drückt sich in einer negativen Abweichung vom angestrebten Projektergebnis aus." (Keiser, 2005, S.154)

Da Risiken den Projekterfolg erheblich beeinträchtigen können, gilt es diese Risiken zu identifizieren und zu eliminieren. Das sogenannte Projektrisikomanagement hat sich „(...) die kontinuierliche Identifikation, Bewertung, Priorisierung und Handhabung, sowie die Berichterstattung wesentlicher Projektrisiken(…) " (Keiser, 2005, S.154) zur Aufgabe gemacht.

5.2.1 Praxis: Risikoanalyse der S. GmbH

Zur Identifizierung und Einordnung potenzieller Risikoquellen wurde für das Projekt „Digitalisierung von Lerninhalten in Workshops" folgende Analyse aufgestellt:

Risikoanalyse

Schadensausmaß

Ausfall aller Set Mitglieder	Teamkonflikte		

Bedrohlich

Keine Termingerechte Einhaltung	Technische Schwierigkeiten		Budget-überschreitung

Schwerwiegend

Ausfalls mehrerer Set Mitglieder		Geringe Missverständnisse Während der Auf-tragsklärung	

Mittel

Nachträgliche kleine Änderungs-wünsche des AG	Ausfalls eines Set Mitgliedes		

Gering

Eintritts-wahrscheinlichkeit

Wenig Wahrscheinlich   Wahrscheinlich   ziemlich Wahrscheinlich   Sehr Wahrscheinlich

Abbildung 4(Eigene Darstellung): Risikoanalyse

Dieses Modell stellt die möglichen, potenziellen Gefahrenquellen dar, die während eines Projektes entstehen können. Die horizontale Achse beschreibt die Eintrittswahrscheinlichkeit eines Risikos. Dieser erstreckt sich von „wenig Wahrscheinlich" bis hin zu „sehr

Wahrscheinlich". Die vertikale Achse wiederum definiert den Schadensausmaß, welches bei „gering" beginnt und bis zu „bedrohlich" hochgestuft werden kann.

6. Der Projektstrukturplan

Der Projektstrukturplan stellt hierarchisch alle Arbeitspakete dar, die für eine erfolgreiche Zielerreichung erforderlich sind. Dabei kann man mit dem Projektstrukturplan noch keine finale Aussage über die Tiefe der Details machen, diese müssen immer wieder am Fortschritt des Projektes angepasst werden.

Der Projektstrukturplan hat folgende Bestandteile:

- die Hauptaufgabe
- die Teilaufgaben
- die Arbeitspakete

Ziel der Projektstrukturplanung ist es alle Arbeitspaket so zu erfassen, dass die Transparenz des Projektes gewährleistet wird und nachfolgende Schritte geplant werden können. (vgl.BMI, 2010)

6.1 Praxis: Projektstrukturplan der S. GmbH

Für den Auftrag von S. wurde im Projekt die sogenannte Bottom-up Methode verwendet. In dieser Methode werden alle Aufgaben die den Teammitgliedern spontan einfallen aufgelistet. Anschließend werden alle Aufgaben gruppiert, den dazugehörigen Tätigkeiten zugeordnet und in entsprechenden Arbeitspaketen zusammengefasst. Für diese Methode werden keine Vorerfahrungen vorausgesetzt. (vgl. Kuster at. al., 2011, S.120f.). Da das Projektteam zum ersten Mal mit solch einer Aufgabe in Berührung kam und diesbezüglich noch keine Erfahrungen vorhanden waren, wurde genau diese Methode für den Projektstrukturplan verwendet. Die Ergebnisse des Projektteams werden in dem unten aufgeführten Diagramm näher dargestellt.

Projektstrukturplan

Abbildung 5 (Eigene Darstellung): Der Projektstrukturplan

7. Projektphasenplan

„Eine Projektphase ist ein ganz bestimmter Teil des Projektverlaufs, der sich von anderen Projektzeiträumen klar abgrenzen lässt. Eine Projektphase beinhaltet sowohl wichtige Teile des Leistungsumfangs und der Lieferobjekte als auch Entscheidungen, die als Grundlage für die nächste Projektphase dienen. Phasen haben klar definierte Zielsetzungen und können auch zeitlich   begrenzt   sein."

(http://www.gpminfocenter.de/PMMethoden/EinfuehrungProjektphase)

Der Phasenplan ist als Ergänzung zu dem Projektstrukturplan, gerade bei größeren Projekten unbedingt notwendig. Dabei wird dieser meisten vom Projektleiter selbst erstellt. Dieser fertigt für jede einzelne Projektphase einen Projektplan mit einem dazugehörigen Projektphasenplan, der wie oben beschrieben, klare Tätigkeiten beschreibt. Für eine bessere Kontrolle und zur Minimierung von möglichen Fehlern werden in jeder Projektphase, zusätzlich Meilensteine festgelegt. Diese dienen ebenfalls dazu, im vorgegebenen Zeitrahmen zu bleiben, dabei werden regelmäßig Zwischenergebnisse gesetzt und überprüft. (vgl. Kuster at. al., 2011, S.122ff.)

7.1 Praxis: Projektphasenplan der S. GmbH

Dieser Phasenplan diente für unser Projekt wie eine Art Leitfaden, an dem wir uns jeder Zeit orientieren konnten. Dadurch konnten wir immer überprüfen, wo jedes einzelne Teammitglied mit seinem Arbeitspaket stand. Das Timing war nämlich unteranderem, ausschlaggebend für den Erfolg unseres Projektes. Um uns etwas Druck zu nehmen und dadurch noch effizienter arbeiten zu können bauten wir in unserem Phasenplan einige Puffer mit ein. Denn man kann nie Eventualitäten ausschließen, die während dem Projekt plötzlich auftreten können.

Nachfolgend wird der Phasenplan dargestellt:

Projektphasenplan

Vorgangsname	Endtermin	Dauer	Person	KW12	KW13	KW14	KW15	KW16	KW17	KW18	KW19	KW20	KW21	KW22	KW23	KW24	KW25
1 Inhalte digitalisieren																	
2 Führungsprogramme sichten	KW 14	1 W	TM 5 & 6														
3 Inhalte sortieren	KW 16	2 W	TM 1 & 2					X									
4 Digitalisierungsformen recherchieren	KW 16	3 W	TM 1 & 2														
5 Digitalisierungsformen mit Inhalten verknüp	KW 24	5 W	TM 1 & 2													X	
6 Plattform finden	KW 17	3 W	TM 5 & 6						X								
7 Benchmarkanalyse	KW 17	3 W	TM 5 & 6														
8 Recherchen	KW 14	1 W	TM 5 & 6														
9 Vergleich	KW 16	2 W	TM 1 & 2														
10 Zwischenpräsentation	KW 17	1 W	Alle						X								
11 Projektumsetzung	KW 24	6 W	Alle													X	
12 Handlungsempfehlung	KW 25	1 W	Alle														X

Abbildung 6 (Eigene Darstellung): Der Projektphasenplan

8. Fazit

Jedes Vorhaben und jedes Ziel, sei es beruflich oder privat, bedarf einer intensiven Planung um letztendlich ein erfolgreiches Ergebnis zu erzielen. Die Modelle und Komponenten einer Projektplanung können auf jedes Vorhaben angewendet werden. Zu Beginn, muss man zwar Zeit und viel Mühe für die Erstellung dieser Modelle investieren, jedoch erleichtert dieser das

Projekt erheblich und ist für seinen Erfolg maßgeblich. Die Herausforderung liegt besonders darin, zu erkennen wie man am besten die Aufgaben einteilt, sie benennt, ihr eine Priorität zuweist und sie in einem richtigen zeitlichen Rahmen setzt. Sind alle Teilschritte, Modelle und Komponenten aufgestellt, dienen diese den Teammitglieder als eine Art Leitfaden, die sie über die gesamte Projektdauer begleiten. An diesem Leitfaden können sich alle im Team orientieren und kontrollieren. Sie dient wie eine Art Überblick, für den gesamten Projektprozess.

Insgesamt war dieser Kurs sehr lehr- und aufschlussreich. An die erarbeiteten Inhalte kann man sich jeder Zeit erinnern, da sehr intensiv an sie gearbeitet worden ist. Das Repertoire an Erfahrungen, welches man in diesem Kurs sammeln durfte, kann als Basis für zukünftige Projekte genutzt werden.

Literaturverzeichnis

Becker, Jörg, Wilhelm Berning, and Dieter Kahn. (2005) "Projektmanagement." Prozessmanagement. Springer Berlin Heidelberg

Burghardt, M. (2013). Einführung in Projektmanagement. Definition, Planung, Kontrolle, Abschluss. 6.Auflage. Siemens Aktiengesellschaft (Hrsg). Erlangen: Publicis Publishing

Döring, Ulrich, and Günter Wöhe. (2008) "Einführung in die Allgemeine Betriebswirtschaftslehre. 23." Auflage, München

Hagen, Stefan. (2009) Projektmanagement in der öffentlichen Verwaltung: Spezifika, Problemfelder, Zukunftspotenziale. Springer-Verlag

Herausgeber: Bundesministerium des Innern BMI (2010) - Gesamtredaktion: Bundesverwaltungsamt Organisationshandbuch: Projektstrukturplan

Hohenberger, Christoph, and Matthias Spörrle. (2013) "Motivation und motivationsnahe Phänomene im Kontext wirtschaftlichen Handelns." Psychologie der Wirtschaft. Springer Fachmedien Wiesbaden

Jochem, Roland, and Thomas Knothe. (2014) eds. FAQ-Prozessmanagement: 100 Fragen-100 Antworten. Symposion Publishing GmbH

Keiser, Oliver.(2005) "Projektrisikomanagement." Strategisches Projektmanagement

Kraus, Georg, and Reinhold Westermann. (2014) Projektmanagement mit System: Organisation, Methoden, Steuerung. Springer-Verlag

Kuster, J. / Huber, E. / Lippmann, R. (2011). Handbuch Projektmanagement. Berlin/Heidelberg: Springer.

Süß, Gerda, and Dieter Eschlbeck. (2013) Der Projektmanagement-Kompass: so steuern Sie Projekte kompetent und erfolgreich. Springer-Verlag

Wastian, Monika, Isabell Braumandl, and Lutz von Rosenstiel.(2011) Angewandte Psychologie für das Projektmanagement. Springer, Heidelberg

http://www.gpm-infocenter.de/PMMethoden/EinfuehrungProjektphasen Abruf 15.08.2017